Manche Kapitel enden tragisch. Andere werden nie geschrieben.

Gristher Grimwalde

Grämen

Dunkle Poesie eines gebrochenen Herzens

von Gristher Grimwalde

Bibliografische Information der Deutschen Nationalbibliothek: Die Deutsche Nationalbibliothek verzeichnet diese Publikation in der Deutschen Nationalbibliografie; detaillierte bibliografische Daten sird im Internet über dnb.dnb.de abrufbar.

2. Auflage
Herstellung und Verlag:
BoD – Books on Demand, Norderstedt

ISBN: 9783757826901

Ein kurzer Blick zurück

Ich weiß, wie wir damals noch sehr spät einen Secondhandladen besucht hatten. Das war um 1999 irgendwann im Winter. Die dunkle, kalte Atmosphäre wich neben der Wärme meiner Mutter. Wir wohnten nicht sehr weit davon entfernt. Es war ein kurzer Fußweg gewesen. Aber eben kurz vor Ladenschluss. Achtzehn oder neunzehn Uhr herum. Während meine Mutter etwas verkauft hatte, sah ich mich etwas in dem Laden um. Er war sehr klein gewesen. Nach Augenmaß etwa vier

Quadratmeter groß. Da gab es noch einen anderen Hinterraum. Dieser war nicht viel größer. Das Licht war dort bereits aus. Wahrscheinlich hatte sich die Betreiberin schon auf den Feierabend vorbereitet gehabt. Man konnte jedoch noch einiges aus dem Hinterzimmer erkennen. Das einfallende Licht vermochte es zu erhellen. Zumindest etwas. Darin sah ich eine merkwürdige Apparatur. Sie war recht klein. Ähnelte etwa einer Schreibmaschine.

Meine Mutter nahm mich anschließend an der Hand und verabschiedete sich von der Betreiberin. Wünschte ihr einen schönen Abend.

Beim Hinausgehen, da hatte meine Mutter die Ladentür bereits geöffnet, zeigte ich mit dem Finger in den Raum und fragte; „Mama! Was ist das für eine Maschine?". Sie stoppte und ging mit mir wieder zurück. Die Betreiberin, die das selbstverständlich mitbekommen hatte, lächelte kurz und schaltete das Licht ein. Ich erkannte erneut die Maschine, doch um sie herum lagen stapelweise Bücher.

„Damit bindet man Bücher!", sagte meine Mutter im Anschluss.

Wir verließen den Laden. Doch ich stoppte kurz vor einem der Fenster.

„Die Bücher werden hier gemacht?", hatte ich

gefragt.

„Nicht alle! Hier kann man sich aber, sein Buch binden lassen!", erwiderte meine Mutter.

Ich blickte mit strahlenden Augen in die Lichterketten, die um die Fensterscheibe herum der Dunkelheit der Nacht entgegenwirkten.

Mit dem Hintergrundwissen, dass ich angefangen hatte, Gedichte auszuformulieren und diese in einer kindlichen Sprache niederzuschreiben, sagte meine Mutter nur;

„Wenn du genug Gedichte geschrieben hast, dann kommen wir hierher zurück und ich lasse sie als Buch binden!"

In dem Moment freute ich mich wie nie zuvor. Ich konnte es irgendwie nicht ganz glauben. 'Mein eigenes Buch, das ich geschrieben habe! Ein richtiges Buch!', dachte ich mir und lächelte den ganzen Weg zurück nach Hause.

Über die Dunkelheit

Das Leben verläuft nicht immer linear. Es ist eine Mischung aus Höhen und Tiefen. Manchmal verweilt man allzu lange im Abgrund und manchmal kommt der Fall direkt im Höhenflug.

Die Freude und die Hoffnung sollten nicht lange im Herzen des kleinen Kindes bleiben. Ein paar Jahre später änderte sich alles. Nach Unfällen, Schicksalsschlägen, Krisen und Dramen brach die Familie und das Leben, das er einst kannte, völlig auseinander. So änderte sich dann auch die poetische Sprache, die in seinen Tiefen weilte.

Es war Heimweh, Hoffnungslosigkeit, Trauer und das Aufgeben, das sich nun durch seine Werke zog. Immer und immer wieder. Es wurde sein Ventil. Die Tragik selbst wurde sein Genre.

Auch als sich die Umstände in Richtung einer Normalität bewegt hatten, war es nicht mehr dasselbe Leben gewesen. Die Dunkelheit in ihm drin, blieb bestehen. Der einstige Ort und die Welt hatten sich verändert. Alles existierte nur noch in Erinnerungen. Es war wie aus einem bekannten Alptraum hinaus in einen neuen befremdlichen Alptraum hinein zu erwachen.

Die Dunkelheit kam und ist nie wieder gegangen.

Später reihten sich Trennungen, Herzschmerz und Verluste hinzu.

Die poetischen Werke fangen in einer kindlichen Jugendzeit an und blättern sich weiter voran und werden aktueller. Sie verschaffen von Seite zu Seite immer mehr einen Einblick in die Tiefen und in die Trauer seines gebrochenen Herzens in dieser düsterhaften Welt.

Dieses Buch ist Frau Kraus gewidmet.

Ich danke meiner Leserschaft.

Danke auch an mein Social-Media-Team.
Selbst wenn das Ganze noch ziemlich klein ist,
bin ich stolz darauf, was wir in den letzten
Jahren zusammen erschaffen haben.

;

Survivor

Akt 1
Düsterheit aus der Jugendzeit

Düsterseen

Durch trübe Seen glitt ich langsam in die
Dunkelheit.
Vergessen und verschwunden im Wirken der
Stille.
Dicht gefolgt von Schatten der Vergangenheit
glitt das Boot ungesteuert im Winde.

Hymne der Seele

Die Hymne der Seele ertönt in der dunkelsten
Zeit.
Ein ganzes Ensemble - mir errichtet vor dem
Tor.
Der Klang wie ein warmer Hauch der
Vergangenheit.
Die Violinen stechen dramatisch hervor.

Klänge der Bedrückung in mehrfacher
Symphonie.
Der Saal tief und unbetreten seit der
Unendlichkeit.
So bewegend und mitreißend. In Lethargie
finde ich mich wieder im leeren Saal der
Einsamkeit.

Trübnis

Pausenlos schwimme ich durch dunkle Seen.
Jede Bewegung zerrt mich nach unten.
Versuche verzweifelt, nicht unterzugehen.
Die Finsternis ist an mich gebunden.

Ein Hauch von Nebel bedeckt das Gewässer
und unter Einsamkeit naht der Verlust.
Langsam nagt die Trübnis durch die Fässer
des Weines und des Edelschmucks.

Ein ganzes Königreich im Verstande
zerbrach und verlor sich im Dunkeln.
Zum Ende, im schönsten Gewande,
war der Körper in Trübnis versunken.

Verzeih mir

Eins trat ein Engel in mein Leben.
So voller Liebe in ihrem Blick.
Ich hätte wirklich alles gegeben
für jeden weiteren Augenblick.

(...)

Du warst und bist noch für mich die Welt,
denn eine andere kenne ich nicht.
Düster nun geworden mein Himmelszelt.
Depressionen versperren mir die Sicht.

Meine Liebe wächst jeden Tag nun mehr
im pochenden Herzlein aus allen Venen.
Oh, du fehlst mir so unheimlich sehr.
Mein Herz blutet Fontänen.

Gedicht der Grausamkeit

Engel sangen Lieder ganz still in dunkler
Nacht. Die Melodie der Grausamkeit ertönte im
vollen Satz.
Einst wie ein feuriger Schauer entfacht
über des Berges goldenem Schatz.

Die Dunkelheit brach herein in wenigen
Augenblick'.
Das Herzlein vor Angst und Kält' zum Stehen
gekommen.
Wie des Galgens Schlinge um's Genick
hielt die Angst den Körper ganz benommen.

So düster nun meine Welt geworden.
Aus Schatten sich kein Lichtlein erheben.
Suchte ich verzweifelt den Norden.
Ein Pfad oder Hinweis in diesem Leben.

Unvergessen

Unvergessen wanderst du im Herzen.
Deine Spuren - endlose Schleifen.
Vernarbt, gemarkt unter Schmerzen.
Vielleicht werde ich es niemals begreifen.

Dein Foto, nun ein Porträt der Einsamkeit
und zur Qual wurde jede Emotion.
Leiden wurde aus der Herrlichkeit
und die Hoffnung zur Frustration.

Dunkelheit umrandet meine Welt
und verschlingt sie langsam in sich.
Quälend und schreiend, bis der Tag einfällt
und das Licht die Dunkelheit bricht.

Wie gern wäre ich die Person gewesen,
die diesen Lebensweg mit dir bestreiten darf.
Einsam und verloren ist mein Wesen,
das die eigenen Träume verwarf.

Endlos laufe ich lange Strecken
und die Seele kommt nicht zur Ruh'.
Die Maske, um die Narben zu verstecken,
denn mein einziger Wunsch bist nur noch Du.

Zurück

Nun verschwunden, was einst gewesen.
Die tollen Tage mit Licht und Glanz.
Jede Minute nach dir ersehnen.
Außen vor bleibt die Akzeptanz.

Dies soll nun die Suche sein.
Die eine Suche nach dem Glück.
Hier wartend, weinerlich und allein.
Ich will doch nur die alten Tage zurück.

Der einsame Ritter

Der einsam traurige Ritter
stand nun da im Nichts.
Wie eingesperrt hinter Gitter',
abseits des Sonnenlichts.

Seine vom Leben geprägten Narben
verscheucht das weibliche Geschlecht.
Verlassen von allen Farben
ist er weder Held noch Knecht.

Dracul's Liebe

Im Lande der Düsterkeit.
Geboren in einem Zeitalter voller Qual.
Die Geschichte schrieb in Ewigkeit.
Mit Blut und rächendem Pfahl.

Dem Prinz der Walachen
nur Schlechtes widerfahren.
Gefangener der Osmanen
und der Stolz seiner Ahnen.

Zum Prinzen ernannt seines Volkes.
Zog er in den blutigen Krieg.
Der Sohn des Drachen für des Gefolges
unerbittlich rächenden Sieg.

Seine Gemahlin unter Bannen
sprang die Klippen in den Tod.
Das Anrücken der Osmanen.
Eine Tat aus Verzweiflung und Not.

Dracul' verlor, was ihm einst heilig
und nun blutige Rache verheiß'.
Er wurde zu der Legende
und "Love never dies".

Sage im Verstande

Welten kollabieren im Verstande.
Eine Tragik der düstersten gleich.
Es war der Zorn, der tief entbrannte
und führte nun das Schattenreich.

Furcht und Zweifel herrschend.
Hoffnung der traurigsten Art.
Ein Leben, das Elend nun anerkennt
und Misserfolge um sich scharrt.

Träume in der Hölle

Gefallen wie Samael.
Betrübt wie ein Sumpf,
denn Pläne schlugen fehl,
und geschwärzt wurde der Trumpf.

Das Höllenreich öffnet mir die Pforten.
Ein Willkommensgesang ertönt.
Die Hügel voller gepeinigter Horden.
Lucifer, der die Szene krönt.

Das war der Lohn, – der Lohn für mein Leben.
Mein Schaffen, meine Leidenschaft,
meine Bemühungen, mein Bestreben.
Die nie erreichte Errungenschaft.

Träume waren vergebens.
Kunst hielt mich nicht ewig.
Es hatte nie den Wert des Erstrebens,
doch gab mir Hoffnung im Käfig.

Nun war ich hier unten – unter ihnen.
Das Feuer war aus der Leidenschaft
und die Erde aus unseren Tränen,
so wie die Schwärze aus unseren Träumen
gemacht.

Und plötzlich erkannte ich den Sinn.
Denn wir waren keine Sünder.
Erleichtert seufzte ich vor mich hin.
Wir waren allesamt Träumer gewesen.

Musiker, Dichter, Komponisten,
Erfinder, Wissenschaftler.
Schriftsteller und Artisten.
Hier, wo es immer Nacht war.

Wir waren gequälte Seelen im Leben,
so wie auch danach bis in die Ewigkeit hoffen.
Wir lebten nicht wie Schafe.
Denn im Himmel waren nur Lämmer
willkommen.

Schwarze Tränen

Depressive Welten, kraftlos und träge.
In meinen Gedanken meisterte ich jeden dieser
Wege.
In der Realität zerfällt alles zu Trümmer.
Ist es die Welt oder bin ich es immer?

Schwarze Tränen fließen im Mondlicht
herunter.
Verloren in tiefen Gedanken und ewiglichem
Kummer.
Ich will doch nur sein, so schwer, was es
abverlangt.
Als ungewolltes Kind in diese Welt verbannt.

Spreche ich mit mir selbst oder gibt es
jemanden, der zuhört?
Stehend auf dem höchsten Turm rufe ich laut:
Hey, ihr! Ich stehe hier am Ende.
Die Chancen verlaufen im Sande.
So oft hat mich die Welt gebrochen in seinem
Werke.
Alles trägt eine Tragik. Jede Narbe, jede Kerbe.
Leid und Trauer, meine engsten Begleiter
führen mich an dieser unendlichen Leiter.

Ich steige und steige, doch es naht kein
Schluss.
Ein Blick nach unten - mein angestauter Frust.
Lähmend und leidend zerfällt mein Sein.
Die Leiter geht kaputt und die Sprossen fallen
drein.
Jede Geschichte,
die ich gerne zu erzählen wüsste,
fällt mir nicht mehr ein.

Eine weitere Narbe auf meiner Seele naht
für diesen gedanklichen Tod, den ich starb.

Düsterreich

Die Realität holte mich ein.
Mit Trompeten und Paukenschlag
schien nun alles ganz klar
und schmerzlich wurde, was ich sah.

Ach, vergaß ich nur einen Tag
und vergaß ich nur einen Traum.
Das Kind gestorben zwischen der Zeit.
In der Hand weilte eine Note.
Die nie erzählte Anekdote
aus Kummer im Düsterreich.

Akt 2
Die Kälte in der Brust

Das Weihnachten, das wir nicht mehr hatten

Ich weiß nicht, was es ohne dich noch gäbe.
Auf einen guten Tag folgten neunzig schlechte.
Meine Depressionen taten es uns beiden oft
nicht leicht.
Dank deiner Sonne waren die Stürme doch so
weit.

Der erste Schein des Morgens

Kummer, der aus meinem Inneren spricht
und Fesseln, die mich aufrecht halten.
Hoffnung, die immer wieder bricht
in der Ungeduld, die fortwährend waltet.

Ist es nur eine Krise oder ist der Krieg schon
verloren?
Sind es Gefallene, die irren, oder noch Heere?
Mein Schmerz tief in mir verborgen.
Meine Tränen salzten die Meere.

Kann ich sie noch retten und mich selbst?
Alles steuert auf den Abhang zu.
Der Zug brettert unaufhaltsam schnell.
Völlig gleich, was auch immer ich tu'.

Gehen nun so Leben zu Grunde?
Im Strom der Zeit vergessen sein.
Findet alles sein trauriges Ende
und die Herzen brechen drein?

Kreisende Gedanken, schwindende Energien.
Eingesperrt zwischen allem, was mich plagt.
Der Mond blickt nieder auf die Größe aller
Seen,
denn abends sind die Probleme immenser als
am Tag.

Trockene Tränen, stummes Wimmern.
Sorgen um Sorgen, die mich leiten.
Werden wir uns denn irgendwann zusammen
erinnern?
Einen Kopf machen? - Auf das Leben neben
anderen Leben.
Zwischen Jahrtausenden, die vergingen -
die wir einst hatten.

Liebe schmerzt, wenn das Schicksal droht, es
zu enden.
Ein ganzes Leben, eine komplette Geschichte
bleibt verwehrt.
Die Buchseiten liegen für immer kalt und leer,
wo einst war entfacht das Feuer und Begehren.

Ist es nun ein vorübergehender Zustand oder
die beendende Flut?
Ohne Arche verloren in der Kunst des Seins.
Werden wir gerettet oder holt uns die Glut?
Ewig wartend am Morgen des ersten Scheins.

Nichts

Kalt schlägt es in der Brust.
Kalt vibriert der Korb.
Kalt wird es mir langsam bewusst.
Deine Wärme ist bereits hinfort.

Kein Kuss, keine Umarmung.
Am Ende war uns nichts davon geblieben.
Keine Freude, keine Versöhnung.
Weder Ort noch Emotion zum Lieben.

Verblasste Träume

Ich bin am Ende an jedem Morgen.
Mein Gemüt fern von besonnen.
Gefangen in zunehmenden Sorgen.
Die Unendlichkeit hatte einst mit dir begonnen.

In kalter Einsamkeit - mein Ich gefangen.
Eine weinende Frau vor mir stand.
Schuldzuweisungen in allen Belangen.
Das Gefühl, dass sie fälschliche Liebe empfand.

Jede anbrechende Minute von Trauer geprägt.
Ich habe gesehen, was du davon hast.
In der Dunkelheit bleiben Erinnerungen
bestehen,
und dort sind unsere Träume verblasst.

Das Ende eines Herzen

Ist es die Trauer, die das Schiff zum Kentern
brachte?
Waren wir schon vor Beginn verloren auf
dieser Reise?
Haben wir am endlichen Horizont den
höchsten Punkt erreicht?
Schlafwandelnd und unwissend im grauen
Strom der Zeit?
War es uns bewusst, wie viele Schritte wir
gingen?
Haben wir unser Ende schon vor einigen
Jahren besungen?
Haben wir es geschafft, glücklich zu werden in
dieser Illusion,
die du schmerzlich schuftest für einen von uns?
War es ein echtes Lachen, worin deine Augen
erstrahlten
oder waren es die vergessenen Momente an
den Ufern deines geplagten
Geistes, der uns führte zu den Tempeln
eines gewohnten Lebens durch die Augen eines
Fremden?
War es unser Paradies oder nur eine Insel, auf

der wir gestrandet waren?
Lebten wir im Glauben, dass wir die einzige
wahre Liebe fanden?
War dieser Ort für uns bestimmt und wieso ist
er jetzt nicht mehr da?
Ist es nur ein grausames Spiel in des Zeites
Rad?
Sind wir schon vor Jahren in den Tiefen
unserer Seelen ertrunken?
Haben wir es geschafft oder doch nur so
empfunden?
Ist die Wärme des Herzens erloschen in diesen
Momenten?
Trägt das Schicksal nun das sterbende Herz auf
seinen Händen
hinfort auf die Spitze des Berges
und hofft, es würde dort endlich alleine
verenden?

Der Turm

Es gibt einen Ort,
einen Ort, fern von jeglichem Graus.
Auf der Spitze eines hohen Turmes.
Hinter den Grenzen des eigenen Mutes
wartet ein Ort auf mich.
Ein Ort, der leise meinen Namen spricht.
Immer und immer wieder
verspüre ich Heimweh
nach diesem Ort,
den ich an jedem Anfang meiner Träume seh'.

Schreie hinter einer Maske

Alles, was geschah, hat mich an diesen Punkt
gebracht.
Einen Ort weit entfernt von jeglicher Emotion.
Wir haben geliebt, getanzt und gelacht.
Ist es das Ende oder doch nur die
Zwischenstation?

Haben wir uns verloren irgendwo auf dieser
Reise?
Die Zeit nicht genug geschätzt?
Haben wir gelebt Seite an Seite
oder uns nur in unseren Welten versteckt?

Ich sehe deine zusammengepackten Sachen.
Ich fühle den Schmerz des Abschieds nahen.
Die vollen Taschen und daneben liegen deine
Schlappen,
die du trugst, als wir noch nicht den Abgrund
sahen.

Werde ich das überstehen oder mein Leben
beweinen?
Wärst du ohne die vielen Krisen
wirklich an meiner Seite geblieben?
Warst du die eine
oder wird mein Herz wieder lieben?

Die Schreie hinter meiner Maske.
Tränen fallen ganz stumm.
Ich auf alle ihre Blicke achte
und ihre Gedanken drumherum.

Verlorene Liebe

Schreie in der Dunkelheit.
Fern von jedem Gehör.
Lautes Wimmern in finsterer Jahreszeit.
Hoch dem Himmel empor.

Ein Heim bricht entzwei
und verloren die Zukunft, die wir hatten.
Gefangen in Fragmenten der Vergangenheit
salzen Tränen die trockenen Wangen.

Das Lachen, das Glück, die Liebe verloren
und am Himmel fehlt der Sonnenschein.
Ich wohl zum Leiden auserkoren
und traurig das zurückgebliebene Sein.

Schön warm wäre das Weihnachtsessen
und die Zweisamkeit den Rest gerettet.
Kuschelig wäre das Heim unterdessen,

wenn du mich nicht verlassen hättest.

Allein stehe ich nun am Rande
und die Welt droht mich zu enden.
Ich bin dir nicht böse. Im Grunde
waren meine Fehler auch vorhanden.

Ich wünschte, du wärst an meiner Seite -
an meiner Seite für immer gewesen.
Wärst meine Sonne im Kalten
und der bunte Schirm im Regen.

Kerbe

Lebe im Moment.
Etwas, das ich nicht konnte.
Das nicht hielt,
was in mir entbrannte.

Du sangst mir glücklich vor
und strahltest in den Raum.
Ich ignorierte dich wie schon zuvor.
Dunkle Wolken blendeten unseren Traum.

Jetzt bleibt dieser Moment eine Narbe.
Und keine Vergebung mir vergönnt.
Wird sie wohl sein immer diese Kerbe,
durch die mein gebrochenes Herz ertrinkt.

Trübnis und Hoffnung

Trübnis und Hoffnung.
Eines Mannes Grab.
Ist es der beendende Todessprung
oder der letzte Tropfen, den ich gab?

So kam und so ging ich.
Ein Traum, den anderen jagt.
So kämpfte und so fiel ich
und hinterließ alles, was mich plagt.

Kälte und Dunkelheit

Dank dir sah ich die Sonne erneut. Nach einer viel zu langen Nacht.
Für einen kurzen Moment sah es so aus, als könnte diesmal alles anders werden. Als würdest du bei mir bleiben. Mein Leben anders verlaufen.

Akt 3
Knuffel

Die Knuffel-Ballade oder die Erschaffung von Gristher Grimwalde

Schon wieder lese ich in meiner Einsamkeit
unsere alten Chatverläufe.
Die Texte, in denen noch so viele Gefühle
steckten.

Wo sind die Zeiten hin, in denen da steht,
ich hätte dir absolut den Kopf verdreht.

Dass ich dir wichtig geworden bin und du ohne
nicht mehr kannst.
Die Zeiten, in denen du mit dem Handy
einschliefst in deiner Hand.

Dahinter lag der Teddybär, den ich dir auf dem
Rummel schoss.
Du wolltest, dass er immer nach meinem Deo
roch.

Du schriebst, dass ich dir den Mut gegeben
hatte, etwas zu ändern.
Dein Leben umzukrempeln und du hieltest fest
daran.

Wir trafen uns immer wieder und es war wie

Magie.
"Wo warst du nur mein ganzes Leben, so sehr
hab ich noch nie geliebt!"

Diese Worte kamen so oft aus deinem Mund.
Die Augen strahlten und das Lachen war bunt.

Wir erlebten so spät noch einmal jugendliche
Liebe.
Wie zwei Teenager schickten wir uns
gegenseitig Bilder.

Wenn ich jetzt so darüber nachdenke, dann
sind diese Tage doch gar nicht lange her,
da standen wir am fünften Mai am See und
hofften so sehr
auf eine schöne Zukunft, denn die Lage war
schwer.

Es stand noch keine Wohnung, noch keine
Struktur.
Wir waren einfach zwei Romantiker mit einem
Liebesschwur.

Für immer wollten wir zusammen sein und es
schaffen,
auch wenn die Gegebenheiten noch gar nicht
für uns waren.
So schnell ging alles, – wir wollten nicht einmal

richtig planen.
Denn seit dem 5.5. waren wir fest zusammen.

Einen Tag zuvor waren wir noch in meiner
Stadt.
Das erste Selfie mit meiner Schwester im
Bildrand.

Wir genossen jede Sekunde abseits des Alltags
und vergaßen die Probleme, die uns hatten
geplagt.

Ende Juli - ich war so voller Freude,
als dein kleines Auto vor die Wohnung rollte.

Voll beladen vor dem Gebäude,
wurdest du ein fester Teil meiner
Lebensräume.

Wir hatten uns endlich die ganze Zeit
und der Sommerurlaub war bereits geplant.

Strand, Sonne, Meer, – alte Häuser – wir
genossen viel.
Zwei Wochen Ozean - wie es uns gefiel.

Doch bei der Rückkehr waren wir nicht allzu
traurig und kamen strahlend,
denn wir wussten, dass wir uns noch haben.

Ich genoss jede Sekunde mit dir, – nach so
langer Zeit
der endlos nieaufhörenden Einsamkeit.

Mit etwas Hilfe schafftest du es dann
schließlich auch.
Einen Platz in der Ausbildungsstelle deines
beruflichen Traums.

Meine berufliche Karriere war dagegen
stagniert.
Du wolltest wissen, worin meine Stärken
liegen.

Irgendwann fandest du einen ganzen Stapel
Papier.
Du fragtest, "Was ist das denn hier?"

Alte Geschichten, alte Manuskripte.
Ich hatte die Hoffnung bereits begraben, – du
hattest die Schippe.

Das ist so gut.
Das darf hier nicht so ruhen.

Du bautest mich auf und gabst mir Vertrauen in
meine Talente.
Etwas, dass ich mich zuvor nie getraut hatte.

Ich wechselte in einen ruhigen Job und fing
wieder an zu schreiben.
Diesmal war die Passion gekommen, um zu
bleiben.

Im Dezember 19 schrieb ich dann Der
Düsterreport zu Ende.
Du fiebertest mit mir mit und es gab kleine
Geschenke.

Danach holte ich Winterfinsterreigen aus der
Schublade.
Du fragst dich selbst bis heute noch, was Daniel
am Ende erwarte.

Ich versprach dir das Ende als Buch zu
schreiben,
doch die Leser wollten eher ein weiterer
Düsterreport statt Winterfinsterreigen.

Also musste die Fortsetzung ruhen, im
Nachinein tut es mir leid.
Ich stellte dich hinter andere in diesem Fall.

Düsterreport Band 1 - ein Zwangsprojekt ohne
Ende.
Im Schreibprozess frustriert – die zehn
Versionen sprechen Bände.

Die Geschichte vom Endhown
schrieb ich in einem Zeitraum
von etwa vierzehn Monaten um die neun Mal.

In der Ursprungsversion sollte er Cecilia
niemals wiederfinden.
Mit dem Gedicht in seiner Hand einsam im
Altenheim verenden.

Ich machte ein Happy End nach so einer
Dramaturgie.
Es sollte versöhnlich enden, doch in echt enden
sie so nie.

Ich wollte nicht, dass die Geschichte kaputt
abreißt, wie mein Leben.
Also zwang ich das Ende auf, um der
Geschichte ein letztes Lächeln zu geben.

Ich denke, das Endresultat lässt sich
herauslesen.
Ändern würde ich es heute trotzdem nicht. Es
bleibt so bestehen.

Was soll ich sagen,
der Beruf und das Buch haben mich zeitweise
gestresst.
Den Rest haben meine Depressionen verbockt.

Es gab eine Zeit, da hatte ich richtig gehasst,
nach Hause zu kommen und zu streiten bis in
die Nacht.

Dann waren es meine privaten Sorgen und
Befürchtungen, die überhandnahmen.
Aus einem idyllischen Leben wurden auf diese
Weise Flammen.

Rückblickend blutet mir das Herz, wenn ich
nur dran denke.
Wir hätten einfach schön Leben können ohne
Geplärre.

Es war doch alles gut, – ich machte mir die
Probleme selbst, verdammt!
Denn mein größter Feind war schon immer
mein eigener Verstand.

Sicher schafft es Geschichten und ist kreativ
ziemlich begabt,
doch schürt es Ängste, Sorgen, Dunkelheit und
die Farbe Schwarz.

Ich habe versucht, mit allem klarzukommen
und dich nur ignoriert.
Du zogst dich auch zurück und wir lebten

separiert.

Wir stritten, wo wir uns nur sahen,
das zog sich monatelang.
Ich weiß nicht, wieso, wir fühlten uns beide
irgendwie gefangen.

Du verdrehtest die Augen, wenn ich nur etwas
sagte.
Es war meine Anwesenheit, die dir zu schaffen
machte.

Auch ich hatte meine Probleme mit dir in
dieser Zeit.
Wir machten einfach weiter, – zum Reden war
keiner bereit.

Alles lief auf diesen einen Tag hinaus.
Du schliefst zuvor nicht mehr. Etwas plagte
dich durchaus.

Auf Nachfragen sagtest du nur,
"Nach Weihnachten wird es bestimmt gut!"

Doch du blockiertest mich immer mehr.
Ich lies dir das Wochenende – bitte sehr.

Du meintest, dass du nur deinen Freiraum
bräuchtest.

Deine Ausbildung würde dich stressen heute.

Doch am Sonntag ging es mir dann nicht mehr
gut,
also forderte ich die Aussprache – mit etwas
Mut.

Es wäre keine große Sache, mitnichten.
Doch nicht einmal in meine Augen konntest du
mehr blicken.
Das Adventssessen war für dich auch zu
erzwungen.

Du sahst, wie sehr es mich belastet hatte,
doch du schwiegst weiter, bis es auch in dir
lastete.

Du schautest weg und sprachst kein Wort.
Etwas Großes ging vor. Das merkte ich sofort.

Ich fragte dich, ob ich es für dich aussprechen
soll.
Du reagiertest nicht, also fuhr ich fort.

Ich stellte die Worte in den Raum, dass du mich
nicht mehr liebst,
und deine Augen hatten sich in dem Moment
gefüllt.

Neunzehnter Dezember – vierter Advent,
eine Woche vor Weihnachten haben wir uns
getrennt.

So geht die Ballade langsam zu Ende,
vom Sonnenstrahl und der Wolkendecke.

Du hattest mich geleitet und mir Wege eröffnet
und mich so aus den Tiefen meiner selbst
gerettet.

Doch ein gemeinsames Leben blieb uns
verwehrt.
Alle Erinnerungsstücke sind in Tränen
ertränkt.

Diese Zukunft ist nun für immer verloren
und unser neuer Morgen wird nie geboren.

Das Häuschen im Wald, dein Häkelsessel und
meine Schreibmaschine.
Vom Alter ergraut unseren letzten
Sonnenuntergang genießen.

Das alles passiert nur noch hier auf diesen
Seiten.
Wir werden es nie erleben, – nie sehen - nie

meistern.

Wir werden nie wissen, wie dieses Leben
ausgesehen hätte.
Die Träume sind verloren und die Ballade zu
Ende.

Knuffel-Land Teil 1

Unsere gemeinsame Welt – Knuffel-Land.
Heute noch mit dem Standbild
beendet, wie dein Charakter mich anblickt.
Wenn ich jetzt das Spiel betreten würde, wäre
es dort kalt, weil du nicht mehr da bist.

Erinnerst du dich?

Sommertag – wir hatten Spaß.
Schufen eine Welt, ich baute dir einen
Freizeitpark.

Darin Achterbahn fahren nach deiner
Spätschicht - damals im März.
Jetzt wäre es einsam auf der Karte und Kälte
umgibt mein Herz.

Diese Welt werde ich nie wieder betreten
können – niemals ändern.
Nichts Neues kommt hinzu, das diesen Traum
beenden kann.
Für immer werden unsere Charaktere ihr
Zuhause haben – ein Heim, das sie verband.
Ewig in den gespeicherten Spielständen in der
Welt genannt Knuffel-Land.

Knuffel-Land Teil 2

Stell dir vor, wir lassen den Spielstand stehen.
Und nach vielen Jahrzehnten, die
vorüberziehen,
treffen wir uns an dem Punkt wieder.
Blicken unsere erbaute Welt an und weinen
bitter.

Am Ende unseres Lebens sehen wir noch
einmal auf diesen letzten Speicherpunkt,
nachdem unser Leben anders kam als
gewünscht.
Nachdem wir nicht mehr zusammen
einschliefen voller Glück.
Nachdem sich die Wege trennten und die Pfade
wurden trist.
Würden wir uns dann erinnern an das Leben
vor der Finsternis?

An die Zeiten, in der das Spiel gespeichert
wurde, – wir uns Arm in Arm befanden.
Wir uns liebten.
Die Zweisamkeit einst zu genießen -
vermochten.

Wirst du dich dann an unsere Geschichte
erinnern, obwohl es so lange her war?

Durchlebe ich Robertsons "Titan" oder Goethes "Die Leiden des jungen Werther"?
Ist es wert zu lieben, auch wenn es uns bricht?
Ist eine Träne mehr wert als ein Herz, das ewig einsam ist?
Wieso sind Gefühle denn so schwer?
Und wieso schätzt man das Schöne erst hinterher?

Es tut mir leid, dass ich dich oft mit Worten gekränkt habe.
Wir uns so oft fremd geworden waren.

Würde ich die Zeit noch einmal durchleben, würde ich vieles mehr schätzen.
Deine Anwesenheit nicht als selbstverständlich betrachten.
Mein Herz ertrinkt in Kummer und Sorgen.
Ein psychischer Schmerz pulsiert in meiner Aorta.

Die Leere in der Brust, meine Seele friert.
Und kein Essen mich zu sättigen vermag.
Ein kleiner Bissen und ein Schluck Wasser waren oft genug.
Ganze Seen geweint - meine Augen leuchten rot.

Doomzday

Wir spielten über 120 Spielstunden in einem
Spiel und bauten dort eine Basis.
Neben dem verlassenen Krankenhaus auf
unserer kleinen Karte.
Die Wände verfestigen, den Turm erklommen,
um uns zu verteidigen, wenn die Zombies
kommen.

Nach dem Turm ein weiterer Turm gegenüber.
Ich baute hoch hinaus - du den Bunker.
Er war als unser Rückzugsort gedacht an
diesem Platz,
doch er kam am Ende nie zum gewollten
Einsatz.

Der Server ruht und es ist dort leer.
Hineinzuspawnen breche mir das Herz.
Die Welt, die wir schufen zusammen
in einen Ort der Einsamkeit nun verwandelt.

So sehr es an meiner Seele zerrt.
Trauer überkommt mich und die Leere
schmerzt.

Du hast es geliebt, mit mir dort zu spielen.
Jedes zweite Wochenende waren wir ein
Überlebensteam.

Dein Fahrrad, das Motorrad, das Auto im Hof.
Alles erinnert an deine Person.

Ob in diesem Spiel oder in der Realität.
Ein großer Teil meiner Seele, meines Herzens
fehlt.

Gedanken an dich

Ich dachte oft darüber nach, wie grau diese
Welt wäre ohne dich.
Nur um dich dann anzusehen und zu wissen,
dass du mich liebst.
Die Wärme zu fühlen, die du in mein Leben
bringst.
Und die Person zu werden, für die ich war zu
werden bestimmt.

Abschluss

Du hast den Anfang geschaffen. Du warst Mitbegründerin und Weggefährtin.
Probeleserin und meine größte Kritikerin.
Es war meine Vision und deine Unterstützung in allen Belangen.

Du warst immer dabei gewesen.
Danke für diese Reise.

In unendlicher Zuneigung und Dankbarkeit.

Du warst Gristher Grimwalde.

Akt 4
Das gebrochene Herz

Millionen Fragmente

In den Schwingen der Unendlichkeit war einst
ein Tag für uns geplant.
Als der erste Tastenschlag durch die Millionen
Fragmente fand.
Dort warst du und blicktest in viele Buchstaben
vieler Menschen hinein.
Doch auch in diesem Sturm der Ekstase war ich
nicht weit.
Die Wellen, die mich von dir trieben, schafften
es nur ganz leicht.
Die Flut spülte mich zurück und glättete, was
weicht.
In den Millionen Fragen, die uns einst belastet
hatten,
fanden wir nur eine Antwort zum Schluss
dieser Zeit.
Die Reue treibt die Dunkelheit der Seele durch
die Blutbahnen,
der Leib vergiftet und unempfindlich zum
Paradies, das wir einst sahen.
Am obersten Ende des Hügels war ein Ort für
uns nicht weit.
Doch unser Leben war in den Tiefen nicht
dafür bereit.

War es leicht?

War es leicht, zu verlassen?
War es leicht, alles neu zu planen?
War es leicht, auf den Moment zu warten?
War es leicht, mich aus deinem Leben zu
verdammen?

War es leicht, alles neu einzurichten?
War es leicht, noch einmal von vorn zu
beginnen?
War es leicht, neues Lachen zu finden?
War es leicht, mich aus deinem Leben zu
löschen?

War es leicht, diese Worte zu sagen?
War es leicht, unsere Erinnerungen zu packen?
War es leicht, seelenruhig einzuschlafen?
War es leicht, ein Scherbenmeer zu
hinterlassen?

War es leicht, eine Maske zu tragen?
War es leicht, es vor dir herzuschieben?
War es leicht für dich, mich im Glauben zu
lassen,
mich könnte jemand auf dieser befremdlichen
Erde lieben?

Der Ozean der Trauer

Glasfragmente in einem Ozean der Trauer.
Endlosigkeit umhüllt das gebrochen' Herz.
Traurigkeit, die für immer überdauert.
Wie viel sind zwei Teile eines Ganzen wert?

Du verfolgst mich, selbst wenn ich schlafe
und das Leben, das wir einst hatten, mich
bricht.
Ich zähle in meiner Trauer des Herzens Narben
und verdamme dabei dein Gesicht.

Wunden

Abseits der Sonne reißen die Wunden jeden
Tag aufs Neue auf.
Im endlichen Licht des neigenden Tages.
Verborgen im Schatten des Morgengrauen
blutet das Herz an den Grenzen des Ertragens.

Mein Kopf ist nicht wirklich da
und die Sorgen bauen weiter hinauf.
Nichts ist, wie es einmal war.
Ich lebe ein Leben im Leerlauf.

Offenbarung

Das süße Lächeln, dein Wesen, deine Art - so
selten.
Es war viel mehr, wie es damals begann.
Die Gefühle verschollen in den komplexen
Tiefen der Welten,
wie es nur das Herz einer Frau sein kann.

Die Offenbarung brachte die Dunkelheit
zurück.
Du sagtest, ich war im echten Leben nie so, wie
ich dir immer schrieb.
Aber so lange gingen wir diesen Weg im
gespielten Glück.
Hast du mich in all der Zeit je wirklich geliebt?

Dunkelheit, mein alter Freund

Ich sitze am Ende wieder alleine vor dem
Laptop.
Dabei wollte ich so viele Jahre davon
wegkommen.
Jede freie Sekunden nicht mit Serien füllen,
nur um die Einsamkeit nicht zu spüren.

Es waren noch so viele Projekte geplant.
Viele neue Bücher - fast schon in der Hand.
Sie waren doch beinahe fertig gewesen,
als meine Welt zu Trümmern fand.
Jetzt ruhen sie allesamt.

Wenn ich nur darüber nachdenke,
dort weiter zu machen, wo ich aufhörte.
Den Satz zu beenden, den ich neben dir auf
dem Sofa anfing, zu schreiben.
Die Gedanken zu vollenden, die meinen Geist
rastlos umhertreiben.
Die Geschichte, die du noch fertig lesen
wolltest. Vermutetest, wie das Ende ausgehen
würde.
Wie soll ich denn noch weiterschreiben ohne
dich?
Du warst die Seele meiner Werke, die
schlussendlich entwich.

Wie kann ich denn weiter machen auf diesem
Weg.
Wie, wenn die andere Hälfte nun fehlt?

Fremd

Werden wir nun unsere Wege alleine
weitergehen,
so, als hätten wir beide uns nie gehabt?
Wie kann ich hoffnungsvoll in die Zukunft
sehen,
wenn alles, woran mein Glück hing, zerbrach?

Seit der Trennung hängen wir nur noch am
Smartphone.
Social Media, – virtuelle Kontakte - so lästig.
Fremd in dieser gemachten Welt geworden.
Mit Ende zwanzig fühle ich mich wie sechzig.

Einstige Welt in Asche

Ich zertrümmere alle Schränke und
Kommoden.
Alles, was wir in der neuen Wohnung so
dringend brauchten.
Die Möbel, die wir kauften für unser Heim.
Nun soll ich damit wohl alleine glücklich sein?

Wie kann ich das alles in meine kleine
Wohnung stellen?
Ohne immer zu denken an unsere heile Welt?
Die Welt, die uns erfüllen sollte.
In der wir vielleicht glücklich wären heute.

Ich brenne meine ganze Einrichtung nieder.
Alle Figuren, Masken, Autogramme, Bilder.
Alles, was ich mir an Deko für unser
Wohnzimmer gekauft hatte.
Dreieinhalb Jahre sammeln, verwandel' ich in
Asche.

Unglück gegen Freude

Ich lebte in einer Traumwelt – viel zu oft.
Jetzt blicke ich mit anderen Augen zurück.
Du sagst, es wird nichts mehr retten zwischen
uns,
selbst wenn ich alles erst jetzt begriff.

Verwehrt die Chance, alles besser zu machen.
Erwacht aus einem zehnmonatigen Alptraum.
Übrig sind nur die leeren Kartons, um meine
Sachen zu verpacken
und zu verlassen unseren einstigen Traum.

Richtet sich das Schicksal nun gegen uns?
Haben wir unsere Haltestelle verpasst
oder steigen wir wohl aus in "Buck"?
Waren wir denn auf dieses Ende gefasst?

Ich sehe, wie gut dir die Trennung tut.
Wie schön und laut du singst heute.
Ich sehe das Leben, das wir schufen,
doch akzeptiere mein Unglück für deine
Freude.

Gedanken nach dem Sonnenuntergang

In der finsteren Nacht
wünschte ich, wir hätten den warmen
Sonnenuntergang mehr genossen.
Hätten mehr gelacht,
geliebt und getanzt.
Keiner von uns wusste,
wann das Lied aufhören würde.

Innere Trauer

Innere Trauer und eine klaffende Leere.
Paralysiert gehe ich weiter meiner Wege.
Weder Hoffnung noch die Kraft um eine
höhere Macht anzubeten.
Schon zu alt, um in den Club twentyseven
einzutreten.

Alles geht in schwarzen Flammen nieder.
Derselbe Frust und die Traurigkeit immer
wieder.
Mal überkommt mich die Euphorie, dann eine
innere Nacht.
Meine Dämonen warten in den Ecken
gespannt.

Stecke ich nur fest in einem dunklen,
abgrundtiefen Loch
oder verstehe ich die letzten Worte Vincent Van
Goghs?
Dass die Trauer nie ein Ende finden wird.
Er wohl mit diesen Worten verstirbt.

Will ich ein langes Leben leben,
um nur diese Worte vollends zu verstehen?

Oder reicht mir der Geschmack von den Krisen
bisher.
Finster der Verstand geworden und erstarrt ist
das Herz.
In meiner Seele brennen deine Worte.
Dass ich zu gut bin für diese Welt,
aber dich nichts mehr an mir oder der
Beziehung hält.

Dass ich es schaffen könnte weiterzugehen,
alles zu meistern, mit nur etwas Mut.
Du hast so viel in mir hervorgebracht.
Meine große Liebe in diesem Leben
warst du.

Gedanken nach dem Sonnenuntergang 2

Wie soll es weiter gehen, wenn man am Ende
seiner Kräfte ist?
Alles hat an Bedeutung verloren
und der Schatten verdrängt erneut
das Licht.

Von Trauer geprägt jede anbrechende Sekunde
im Augenblick.
Ich würde gerne weinen, doch meine Tränen
fließen nicht.
Ich kann den Schmerz nicht mehr
hinauslassen.
Mein Wesen schon am Verblassen
im ewigen Nichts.

Gedanken nach dem Sonneuntergang 3

"Du siehst gar nicht gut aus, was hast du? Na,
komm erzähl!"
Auch wenn ich darüber reden würde, würdest
du es nicht verstehen.
Keine Sekunde munter.
Immer weiter hinunter.
Du kannst mir nicht folgen auf diesen Pfaden.
Serpentinen führen zu keiner Zielgeraden.

Sonne

Wie sehr werde ich deine Art vermissen.
So positiv und strahlend.
Du glaubst immer an das Gute im Menschen.
Du bist in deiner Vollkommenheit einzigartig.

Wie sehr werde ich deine Sonne vermissen,
die du mir warst an grauen Regentagen.
Zu lieben und dich auf deine Stirn zu küssen.
Die Unendlichkeit sollte einst unsere Liebe
tragen.

Gedanken nach dem Sonnenuntergang 4

Ich sehe unsere Welt zerstört in einem Meer
der Scherben.
Die aufziehende Dunkelheit gebar die Angst,
ein Leben in Depressivität zu verbringen und
dann einsam zu sterben.

Düsterwelt

Ich schaue auf das Datum und denke zurück.
Mit Tränen in den Augen und Kummer, der aus
dem Innern spricht.
Tief in der Seele vermisse ich unser Glück.
Während mein Herz weiter auseinanderbricht.

Ich habe es verlernt, für mich selbst stark zu
sein.
In einer Welt, die wir erschufen zu zweit.
Dieses Leben ohne dich zu leben
fällt mir nicht sehr leicht.
Ich hätte gewollt, dass es bis in die
Jahrtausende reicht.

Ich dachte, du wärst gekommen, um zu
bleiben.
Die eine von acht Milliarden Seelen.
Wir wollten doch noch die ganze Welt bereisen,
doch kamen nicht einmal zum Anfang dieser
Wege.

Wieso dürfen wir die Sonne sehen,
wenn die Nacht für uns weilt.
Wieso dürfen traurig Jahrzehnte vergehen,
ohne dass die Wunden so richtig verheilen?

Wieso müssen wir am Enden weinen?
Jeder Tropfen so viele Emotionen in sich trägt.
Die Sonne wird in Düsterwelt nicht mehr
scheinen.
Während dort der Acker nicht zu sterben fleht.

Die Erde kalt und rau geworden.
Kein Wasser vermag noch etwas zu retten.
Kummer, Leid und nieaufhörende Sorgen.
Gefangen in unsichtbaren Ketten.

Meine Worte

Ich weiß, dass niemand hier meine Worte so
richtig versteht.
Denn es sind eher die Gefühle und Emotionen,
um die es hier geht.
Es sind die Tränen hinter einem Herz.
Das Wimmern hinter meinem Schmerz.
Das lähmende Gefühl der aufgehenden
Dunkelheit im ewigen Abgrund dieser Welt.

Einst fragte ich mich, wie alles weitergehen
soll.
Kein Licht vermochte durch die Wasserdecke
zu dringen im Atoll.
Indessen ich langsam vor Sorgen ertrank.
Denn es fehlte das Licht oder eine rettende
Hand.
Nun kenne ich die Antwort aus diesem ganzen
Schund.
Es war nie eine Zukunft vorgesehen für uns.
Das Fundament sollte wegbrechen und uns in
die tiefen Abgründe mitzerren.
Die Liebe verschüttet unter zehntausend
Fragmente des Herzens.
Die Kälte hemmt den Atem in der Finsternis.

Die Welt verfremdet in den Schatten der
näherrückenden Frist
der Zeit, die mir noch auf dieser sorgvollen
Erde bleibt.
Im Spiel der immer wiederkehrenden
Dunkelheit.
Ich schaue in all diese leeren Straßen hinein.
Die wir einst liefen, verliebt zu zweit.
Wie soll ich hier denn noch glücklich werden
ohne dich?
Wenn jede Ecke aus meinen Erinnerungen
spricht?
All' diese Orte gefüllt mit Geschichten aus
unserem Leben.
Wie soll ich denn nicht daran zerbrechen,
wenn sie nur die Trauer wiedergeben?
Gedanken an unsere Zeit zusammen.
In der wir noch dachten, aus denselben Welten
zu stammen.

Ich will hinaus, raus – aus allem.
Neue Umgebung, ein neues Verlangen.
Ein Leben aufbauen, das an das Alte nicht
mehr erinnert.
Im Winde waren unsere Spuren nicht
gesichert.
Ich kann nicht einmal mehr in den Urlaub an
denselben Strand,
den wir besuchten und lagen im heißen Sand.

Dort zu sein, wo wir einst lachten und uns in
die Arme nahmen.
Wo wir liebten und uns Versprechen gaben.
Erinnerungen an schöne Zeiten schmerzen,
wenn man verloren ist in der Dunkelheit
und sehnend nach dem einstigen Leben zu
zweit.

Gedanken nach dem Sonnenuntergang 5

Manchmal ist es nicht sehr einfach, wenn man
den Fokus verliert.
Würde es etwas ändern, wenn ich Gristher
begrabe für ein Leben mit dir?
Dieses einzige Leben
möchte ich leben.
Mit dir lachen, Zeit verbringen, alt werden.
Es hätte so viel mehr zu geben.

Ich schreibe für dich Geschichten und du
häkelst neben mir.
Wir lesen sie gemeinsam und tragen deine
Pullover, damit es uns nicht friert.
Wir hätten dann am Ende ein einzelnes,
schönes Leben gehabt im Strom der Zeit.
Unsere Liebe selbst die Angst vor unserem
Ende geheilt.
Hand in Hand. Arm an Arm. Es wäre nicht kalt
in unserem Häuschen am Wald.
Ein letztes Mal über unser Leben
nachzudenken
und in schönen Erinnerungen mit der Welt

abzuschließen.
Irgendwann dann zusammen einzuschlafen
und ins Licht zu gehen.
Dort oben auf den Himmelstreppen
wiedersehen.
Unsere Erlebnisse und Gefühle mit in den
Himmel hinauf.
Gristher wäre da ein längst verblasster Traum
in meinem Lebenslauf.
Ich wünschte, du wärst bei mir das Wichtigste
und Grimwalde nicht der Rede wert.
Doch in der Realität bist du fort und das Ganze
ist umgekehrt.
Ich kann es selbst bis heute nicht richtig fassen.
Ich würde selbst das Veröffentlichen für dich
endgültig lassen.
Das war mir alles diesen Preis doch nicht wert.
Ich schreibe euch diese Zeilen aus den Tiefen
meines Herz'.
Wenn ihr jemand Besonderen in eurem Leben
habt,
dann schätzt diese Person wie euren größten
Schatz.
Seid dankbar für jede einzelne Sekunde, die ihr
zusammen geht.
Denn manchmal weiß man nie, wie schnell das
Schicksal an eure Türe schlägt.

Und eines sei noch gesagt.

Etwas, dass ich erst jetzt schmerzlich nun
lernte.
Nichts im Leben ist wertvoller als die große
Liebe, die man nie suchte,
aber das Schicksal eure Wege kreuzte.
Kein Job, keine Krisen, keine großen Träume.
Das Ganze realisiert man erst vereinsamt in
dunklen Räumen.

Schatten

Tragik die Liebe prägt,
die Literatur sie ewig hält.

Vergessen sind die Schmerzen
hinter Erzählungen der Helden.

Akt 5
Die ewige Dunkelheit

Gebrochene Kindheitserinnerung

Ich denke an einen Tag zurück, einen Tag im
Dezember.
Mein Geburtstag war erst frisch
vorübergezogen.
Verschneit waren die Straßen und
Fensterbretter.
Eine Welt noch fern von Kummer und Sorgen.

Auf dem Discman hörte ich eine gebrannte CD.
Die Atmosphäre kuschelig warm, dank der
Heizung.
Auf den Ohren meine Lieblings Themes von
Anime.
Und alles so traumhaft drumherum.

Dieser eine Tag noch in meiner Erinnerung
sitzt.
Darüber hinaus die Finsternis aufgezogen.
War das Leben denn schon immer so trist
oder habe ich es damals nur anders
empfunden?

Die ewige Dunkelheit

Gefangen in Minderwertigkeit und innerem
Hohn.
Andere Mütter haben auch schöne Töchter,
doch meine Mutter hat einen hässlichen Sohn.
Es gehören immer zwei zum Gefallen.
Der erste Eindruck – das erste Sein.
Nach unzähligen Versuchen in meinem Tief.
Ich bin niemandes Typ in diesem Spiel.
Jede Motivationssprache ist verloren in
meinem Abspann.
Denn wie will ich jemandem gefallen, wenn ich
mich selbst im Spiegel nicht einmal ertragen
kann?
Das Gesicht - versteckt hinter eintausend
Masken.
Nicht glücklich leben, doch sie lassen mich
ruhiger atmen.
Versteckt und für alle Zeit verdammt.
Deine Worte bestätigen nur, dass mich
niemand lieben kann.
Ich bin nur das Phantom hinter den Kulissen.

Der Schatten der Oper hinter verborgenen
Rissen.
Ein Herz, das erneut erstarrt vor Kälte
im Palast der einsamen, dunklen Wände.

Eingeritzte Gedanken – wahnsinniges
Schwanken.
Im Leben kaputtgegangen vor psychischen
Schranken.
Ich würde gerne hoffen und glauben, dass es
anders wär',
doch die Wurzeln der Psyche machen es
schwer,
wenn sie den Verstand umranken.

Jeder einzelne Tag ist eine neue Last.
Aufraffen und so tun, als ob ich alles schaff'.
Mentales Visualisieren, doch unter dem Druck
schwindet die Kraft
im gedanklichen Palast,
welches war einst für uns gemacht.

Traurigkeit umhüllt den Grund.
Dunkle Schatten ziehen die Fassaden hoch.
Das Bauwerk selbst geht unter im schwarzen
Strom,
welches unsere Seelen für immer sucht.

Dieser Ort verloren in absoluter Schwärze.

Darin erloschen jede lichtspendende Kerze.
Verlassen und traurig beweinen wir das Leben,
das wir einst hofften, zu tragen in unseren
Herzen.

Eigentlich wäre das Werk hier schon zu Ende
gewesen.
Doch wenn ich aufhöre, darüber zu schreiben,
weiß ich nicht, wie es danach weitergeht.
Ob die dunkle Leere mich am Ende des Tages
erstickt
oder ich es noch schaffe, zu entfliehen, diesem
Augenblick,
in dem alles über mich einkracht und erschlägt
in düsterer Qual.
Auf meinem Pfad hinab in die Hölle ohne
Licht.

Die Schatten und die Monster sind an den
Ufern dieser Schwärze nicht weit,
denn Gristher Grimwalde heißt übersetzt
"die ewige Dunkelheit!"

Ein brennender Horizont fällt und reißt die
Wände eines sterbenden Mondes
nieder mit allem was er kennt.
Welten stürzen in sich zusammen
und drohen alles was wir kannten, zu
verwandeln.

Am sterbenden Morgen eines neuen Tages, in der Leere zu vereinsamen.

Herzen, Gefühle und die Ängste sind nur ein heraufziehender Sturm.

Entfacht wird das Feuer immer aus der Glut.

Endende Emotionen zu den letzten Stunden, die ein Mensch fühlt, liebt und sucht.

Verloren irgendwo zwischen allem und dem Nichtsein.

Beim leidvollen Wimmern eines letzten göttlichen Gesuchs.

Alte Welten

Verloren in den Welten, die ich einst gut
kannte.
Sie waren lange Zeit eng mit mir verbunden.
Die Zeit, in der mein Herz noch lichterloh
brannte
und war in endloser Schwärze versunken.

Wissen über verschiedenste Themen im
Verstand.
Ausgeblieben dafür andere Erfahrungen.
Jahrelang im Stillen
weiterbilden.
Ohne Freizeitaktivitäten und die wilden Jahre
eines Jungen.

Ich genieße das Philosophieren mehr als
Menschenlärm.
Und stelle Zweisamkeit über Partyrunden.
Diese Welt mir zu oberflächlich stumpf.
Befremdliche Menschen in befremdlichen
Stunden.

Ein Schatten in den Tiefen weilt
und fürchtet, sich ewiglich an die Finsternis zu
binden.
Die Seele pulsiert nicht mehr einsam zu sein.
Doch kein Licht vermag den Schatten im
Dunkeln zu finden.

Gedanken nach dem Sonneuntergang 6

Haben wir auf den toten Felder dieses Ende
gesät?
Als wir dort oben das erste Mal die Sonne
sahen.
Nun ist das Herz schwer und der Verstand
gequält.
Zu fallen in das Leben, bevor du in mein Leben
tratst.

Mein Leben war versunken in endloser
Dunkelheit.
Mein Wesen so weit vom Leben versteckt.
Ich sehe dein Lachen, deine Sonnenstrahlen,
deine Heiterkeit
und frage mich, wieso war dieses Ende für uns
gesetzt
im kosmischen Spiel der gewaltigen Mächte?
Wieso zeigen sie mir, dass das Leben anders
werden kann
und mir all' das geben,
wenn sie es wieder nehmen
aus meinen Händen
und mich dann zurücklassen
in mein altes Leben verdammt.

Wieso diese Grausamkeit, zu schmecken und
kosten all das, wonach ich nie gesucht hatte,
doch fand.
In der ich das erste Mal gelebt und geliebt
hatte.
Wieso, oh großer Schöpfer der Menschheit,
wieso tust du mir das an?
Wieso lässt du mich total verbrannt
zurück in den leeren Hallen meines Herzens.
Die Kälte der Welt
es schon längst in den vereisten Kulissen hält.
Wieso nimmst du mir das, was mich wahrlich
zum Leben brachte?
Wodurch ich das erste Mal richtig aufgeatmet
hatte.
Das erste Mal seit meiner Kindheit wieder eine
Familie gespürt.
Die meine innere Leere und Trauer füllt.
Ich habe das erste Mal alles geschafft.
Glück empfunden und das alles hatte sie
vollbracht.
Ich hatte doch davor schon längst aufgegeben,
du weißt, wie ich sah, das Ende meines Lebens.
Ich wollte nie so alt werden, wie ich es jetzt bin.
Wieder an diesen Punkt ausgeliefert, in dem
ich nicht sehe den Sinn
des Ganzen.
Ist vergeblich das Weitermachen?

Unter mir bricht das komplette Fundament
eines erbauten Lebens und ich renn'
renne so lange,
bis ich keine Puste mehr habe.
Ich höre nie auf damit und rase weiter und
springe.
Wenn ich stoppe, holt mich diese baumelnde
Schlinge.
In meiner äußersten Not
mache ich weiter, bis ich falle
und die Schwärze sich alles zurückholt.

Kalte Tropfen

In meiner Trauer zähle ich die Wolken über der
Stadt.
Ein Funken in ihrem Inneren bebt.
Der Sturm, der in einem Tropfen lodert und
donnert.
Und still im Winde verweht.

Kalt trifft mich der Niederschlag
und gleicht sich meiner Seele an.
Ich blicke hinauf in meine Gegenwart
und ertrinke unter dem grauen Trauergewand.

Last

Januar 22. Anwesend in den Reihen im
Kinosaal.
Bin dort alleine für mein Lieblings-Thriller-
Franchise aus Kindheitstagen.
Die Trennung nicht lange her und ich bin dort
einsam.
Keiner da, der mit mir in diesem Film mitkam.

Behalte die schwarze Hoodie-Kapuze oben und
hyperventiliere.
Unter Menschen zu sein, macht mir höllische
Probleme.
Literarisch behaupte ich immer, dass es an
Misanthropie läge,
doch dabei liegt es daran, dass ich mich für
mein Aussehen abgrundtief schäme.

Wenn ihre Blicke mich dann treffen,
könnte ich direkt im Erdboden versinken.
Zähle die Minuten, bis im Saal das Licht
ausgeht
und man mich in den dunklen Reihen nicht
mehr richtig sieht.
Würde am liebsten den Mundschutz dauerhaft
tragen.
Und somit die ganze Panik in mir ersparen.

Mir tut es leid, die anderen Kinobesucher
waren bestimmt alles nette Leute.
Doch ich fühlte mich dort unwohl, weil ich sie
innerlich scheue.
Meine Psyche deutet, ich würde nicht dazu
gehören.
Ich wäre sonderbar und würde sie mit meiner
Anwesenheit nur stören.

Ein Problem, das ich auf der Arbeit in
Dienstkleidung zwangsmäßig abstellen kann.
Doch nach Feierabend bin ich wieder in
meinen Gedanken gefangen.

Kein Einkaufen, kein Kinobesuch, keine Bar
bereitet mir noch Freude,
weil ich innerlich zugrunde gehe unter anderen
Leuten.
Ein Mädchen in der Neunten
hatte mein Selbstwertgefühl zerstört.
Seitdem denke ich immer, ich bin der
hässlichste Mensch der Welt.

Als wir noch zusammen waren, fühlte ich mich
wohl in meiner Haut.
Du warst meine Brücke zu dieser
befremdlichen Außenwelt.

Alles Freizeitliche und Soziale wird jetzt eine verdammte Qual.
Für meinen nächsten Kinobesuch miete ich den gesamten Saal.

Zurück

Wie kann ich nach allem zurück?
Zurück in eine kalte, kleine Wohnung hinein.
Nach der Wärme und dem Familienglück.
Nach dem heimischen Beisammensein.

Wie kann ich nach allem zurück?
Aus deinen Armen hinaus.
Fern von allem – einsam und bedrückt,
und vergessen im eigenen Zuhaus'.

Wie kann ich nach allem zurück,
wo einst war Liebe und Leben.
Zufriedenheit gewandelt in Unglück
und Ankommen in Streben.

Erschaffung

Das Gesicht spiegelte sich in den Scherben des
Spiegels, die noch an den Wänden hingen.
Mein ganzes Sein reflektiert in den winzigen
Fragmenten,
die Fragmente des Glases spiegelten.
In der uferlosen Endlosigkeit gefangen für
immer verdammt zu sein.
Frust, Zorn und Liebe zerstörten das Herz, das
einst in mir zu schlagen vermochte,
und die Tränen verdrängen die Freuden im
kalten Palast. Die Trauer, die unterm Eis die
Wärme unterjochte.
Die Dunkelheit nähte mir so ein neues Gewand
und umschließt mich mit Stoffen der
Traurigkeit. Das Gift, welches in mir aufstieg
und das trügerische Versprechen, eine bessere
Version von mir zu erschaffen, schrie.
Der Mensch, der ich einst war, nicht stark
genug für diese verkommene Welt zu leben
schien.
In Gedenken - an seinem Platz erhob sich ein
neuer Seelenfrieden. Eine Gestalt. Ein
Geschöpf, das diese Welt unter den endlosen
Emotionen aushält.

Der Dichter, der Schriftsteller, das weinende
Kind waren nun endlich an einem Orte vereint.
In einem Kopf. In einem Geist.
Hinter der Maske eines neuen Seins.

Grimwalde

Manche fragen sich, wieso ich eine Maske
trage.
Die wahre Maske trage ich, wenn ich keine
habe.
Auf der Arbeit, im Privaten, unter falschen
Freunden.
Nichts ist näher an meinem Selbst wie dieses
Monster.

Wenn ich in seiner Gestalt schreibe, dichte,
erzähle,
schafft es einen authentischen Blick in die
Tiefen meiner Seele.
So wie ich im Innersten eigentlich bin – schon
immer gewesen war.
Durch die Maske stelle ich es nur besser dar.

Meine tiefsten Gedanken, alle meine
Geschichten.
Meine Kunst mit der Realität zu verstricken.
Gristher Grimwalde ist all' das und noch mehr
in seinem Gewand.
Die Person hinter der Maske ist deswegen
irrelevant.

Geschmäcker

Ist es die Endlichkeit allen Seins, die den
Geschmack der einzelnen Frucht vollendet
oder ist sie nur eine von vielen in der Variation
der weiten Felder?

Sind wir dazu verdammt ewig zu suchen und zu
schmecken?
Kann ein einzelner Geschmack denn binden
und sättigen?

Wieso zieht es uns nach fremden Gärten?
Wieso ist der eigene Korb nicht mehr zu
werten?
Wieso verliert sich das Verlangen irgendwann,
weil man etwas misst,
wenn es doch von Anfang an Liebe ist?

Ist die Begierde am Ende doch stärker als
Zäune?
Kann man lieben den eigenen Garten und dabei
sehnen nach anderen Bäumen?
Ist es nur die Lust, die uns alle Sinne nimmt
oder war der Mensch nie monogam bestimmt?

Augen aus Obsidian Teil 1

Haben wir uns verloren oder waren wir
ohnehin nur Fremde.
Jeder mit Gepäck auf seiner Reise.
Am dunkelsten Abgrund, da warst du mir nah.
In den Tiefen deiner Augen setzte mein Herz
einen Schlag.

Augen aus Obsidian Teil 2

Deine Wärme hatte mich geleitet.
Deine Blicke so vertraut mir waren.
Das Herz noch einmal zum Lieben verleitet.
Auch wenn nicht das Gleiche von dir kam.

Diese Verbundenheit habe doch nicht nur ich
gespürt?
Sag, war das alles bloß eingebildet?
Dein Lächeln, deine Nähe, deine Augen mich
verfolgt.
Deine Aura, die mich selbst im Dunkeln findet.

Ich sah dich und fühlte, als hätten wir uns
schon einmal geliebt.
So lange Jahrhunderte weit zurück.
Aus derselben Welt wir stammen, die tief in
unserem Innersten liegt.
In deinen Augen ruhte die Bedeutung von
Glück.

Müssen wir uns nun erneut verabschieden?
Muss ich im tiefen Meer meines Herzens
ertrinken?
Vielleicht war die Zeit noch nicht da zum
Lieben.
Bis wir uns im nächsten Leben wieder
begegnen.

Die ewige Dunkelheit Teil 2

Verloren in den Schlachten, die ich in mir
kämpfte.
Irgendwo zwischen leeren Seiten und den
leeren Bändern.
Ist die Welt so fremd oder trifft mich hier die
Schuld?
Mir mangelt es immer wieder an Geduld.

Dating-Apps wirken auf mich wie ein
Handyspiel mit Chatfenster.
Zeitvertreib im Alltag. Die Interaktionen mit
Fantasiegebilden und Gespenster.
Diese Illusionen machen kurz zufrieden.
Der Gedanke, nicht einsam zu sein in diesem
trügerischen Spiel.

Irgendwo bin ich verloren gegangen im Leben.
Ich kann mich nicht mehr erinnern, auf
welchen Wegen.
Würde ich noch einmal zurückblicken, könnte
ich mich dort nicht mehr sehen,
denn die Phantasie erlischt, wenn sie in die

Realität übergeht.

Leidvolles Fluchen, – ewigliches Suchen.
Im Leben tief gefallen hinab der Höllenstufen.

Wahnsinn und Schwärze
sind hier im Prinzip dasselbe.
Für immer im Winter verenden.
Im ewigen Kummer hinter eisigen Wänden.

Qualen verhallen die Gebirge hoch.
Nichts am Leibe wandere ich die Pfade durch.
Alles ist grau bedeckt und verschneit im
grimmigen Wald,
denn in der Hölle ist es nicht warm, sondern
frostig kalt.

Die regnende Asche schmeckt nach Säure.
Die Finsternis begleitet mich heute.
In Reue gefangen schreie ich hinauf.
Um mich herum große schwarze Zäune
aus der Dunkelheit unserer Seelen erbaut.

Die ewige Dunkelheit Teil 3

Jeder verdammte Tag vergeht gleich.
Kein Bisschen, das irgendwie abweicht.
Schalte das Handy am Morgen wieder an.
Keine Nachrichten, keine Anrufe von dir
empfangen.

Müde wankend, mit innerer Leere im Dienst.
Eine gebrochene Person ist alles, was man dort
von mir sieht.

Am Ende des Tages bin ich dann wieder allein'.
Dunkle Wände blicken in meine Psyche hinein.
Keine Freude, kein Trost wird dort geteilt.
Im ewigen Abgrund eines nie aufhörenden
Schrei's.

In Leere warten - habe schlechte Karten.
Verloren in Dating-Apps zwischen eintausend
Daten.

Kein Treffen geglückt. Bin chronisch bedrückt.
Unter ewigen Selbstzweifel und Komplexen
verschüttet.

Angst, den letzten Schritt zu gehen.

Ein Treffen, bei dem wir uns tatsächlich sehen.
Panik davor, persönlich zu erscheinen.
Denn auf meinem Gesicht darf keine Maske
sein.

Gebrochene Spiegelscherben, die meine Seele
reflektieren.
Den Dunst des Misserfolgs sie unaufhörlich
inhaliert.
Gefangen zwischen Melden und nicht Melden
bei den sich nie meldenden Menschen,
die meine Kontaktliste zieren.

Egal was ich alles tat, es war nie genug.
Mein Aussehen, mein Wesen,
meinen Stand, mein Leben,
meine Seele habe ich mir nicht ausgesucht.

Alles ist so unwirklich, ich kann es gar nicht
richtig fassen.
Ich laufe am Ende einsam durch
menschenvolle Gassen.

Gedanken nach dem Sonnenuntergang 7

Mir tut diese Welt in der Seele weh.
Alle Menschen sind mir sehr fremd.
Mein Traum, ein Leben zu leben, in dem in
nicht mehr nach draußen geh'.
Und verbringe die Zeit nur noch mit meiner
Kunst.

Nicht mehr hinaus in die Welt.
Niemandem will ich begegnen.
Schreiben, bis die Altersschwäche einfällt,
aber auch keine der Geschichten verlegen.

Ich würde sie nur für mich selbst schreiben.
Ohne dass jemand anderes sie je wieder liest.
Das Schreiben vermochte meine Seele
kurzweilig zu heilen,
denn es war das Einzige, das mich auf dieser
Welt nie verließ.

Mir tut es leid um Nicola, Daniel und Dominik.
Um andere Charaktere, die ihr nicht kennt.
Mein Leben wäre nicht aus Freude gestrickt,
aber meine Schöpfungen glücklich in ihrer
Welt.

Gedanken nach dem Sonnenuntergang 8

Als ich für Winterfinsterreigen 2 und 3 vom
Ende der Welt schrieb,
wer hätte gedacht, dass es danach für mich
auch nur noch die Finsternis gibt.
Meine Geschichten hatten nie wirklich ein
Happy End.
Wie soll denn etwas glücklich werden in den
Welten, die wir kennen?

Slohna spiegelt in seinen Wäldern die
Dunkelheit, die sie hält.
Durch den Nebelschleier im grauen Schimmer
tröpfelt die Kälte selbst.
Zwischen den Verwilderungen einer
untergehenden Welt.

Es war einfacher, darüber zu schreiben,
als wir beide noch eins gewesen waren.
Wir nach dem letzten Punkt noch unsere heile
Welt ansahen.
War es in den letzten Etappen des Verfalls
schon zu erahnen?
Das Aufkommen der sich entzweienden
Bahnen?

Unser Happy End verloren im fiesen Spiel.
Nicolas Schatten über die leeren Felder zieht.
In Winterfinsterreigen 3 wird niemand
überleben, diesen Krieg.
Wenn das letzte Licht am Schluss vor der
Dunkelheit niedergeht.

Im Fokus die Frage des Ablebens von Daniel,
doch was ist mit dem traurigen Wirken des
Dominik Dargell?
Haben alle ein Happy End verdient in dieser
Welt
oder nur die, für die wir Sympathien
entwickeln können?

Hätte Nicola auch eines verdient ganz zum
Ende?
Seine Beweggründe noch unerzählt in den
ungedruckten Bänden.
Lernen wir denn daraus, dass die Welt jeden
glücklich machen sollte
oder dass die Leute,
die nicht hineinpassen, irgendwann
verschwinden auf dieser Suche
im fortwährenden Heute.

Gedanken nach dem Sonnenuntergang 9

Alles ist vergänglich
im ewigen Sturm der Gefühle und
Lebenskämpfe.
Hoch hinauf gebaut steht der Turm, doch das
Fundament war nie wirklich gefestigt.
Wenn alles bricht und begräbt diese Leben und
Leiden der Vergänglichkeit im Flügelschlag der
schwindenden und aufgeschobenen Zeit.
Verluste ziehen den Körper in die unendlichen
Tiefen der Gräber.
Die Monster,
die einst unter der Wasserdecke sich zu
verstecken wussten. Die Schreie münden in
Blasen aus Atem, die den Körper
entweichen und keine Laute dem Himmel
hinauf verhallen.
Nichts ist für immer zwischen den Wellen des
Ozeans. Schwankend verlieren wir die Welt, die
uns einst vereinte im Leben, das zerschellt.
Keine Arbeitsstelle, keine Emotionen und
Personen bleiben bestehen.
Alles ändert sich in den Momenten, die
vorüberziehen.
Laut der Jammer, der einst die Seele gefangen
hielt und ihr die Luft zum Atmen zu nehmen

schien.

Der Körper hält sich unter den Wellen und
trotzt etwas dem Sog der Monster, die aus den
Tiefen hinaufkommen. Dort nun die Welt, die
wir errichtet hatten, in ewiger Finsternis
versunken.

Gedanken nach dem Sonnenuntergang 10

Ich malte für uns so viele Leben aus,
auf einem bunt gefärbten Stück Papier.
Glückseligkeit, ein Waldstück und ein Haus
am Rande unserer Träume, die ich hatte mit
dir.

Ich sehe diese Gegenstände nun in
Vergessenheit versunken
und verstaubt sie für immer werden weilen.
Das liebende und fühlende Herz in Kummer
ertrunken
und der Schmerz irgendwo verborgen zwischen
diesen Zeilen.

Ein Leben neben anderen Leben, das wir
hatten.
Das Lachen nach all' den Sorgen der
Vergangenheit.
Vergessen waren die gewaltigen Hürden voll
Schatten
und das Licht verdrängte kurz die einstige

Dunkelheit.

Gebrochen vermag das Herz nun vor sich
hinzuschlagen.
Der Leib noch so mit dem zirkulierenden Blut
versorgt.
Viel mehr vermag das Herz nicht mehr zu
tragen.
Die Emotionen sind unter der Eisschicht
verborgen.

Das Zelt

So streife ich weiter meine weiten Wege.
Mein Gepäck größer als die Welt.
Die Schuld mir lastet, dass es nur an mir läge,
und die Einsamkeit ist mein Zelt.

Das 19. Jahrhundert

Gotische Laternen, alte Gemäuer.
Steinige Wege im Nebel versunken.
Ghule, Gespenster, Ungeheuer.
Eine Straße voller bezaubernder Dirnen.

Die jetzige Welt war mir fremd, schon immer.
Ich ein anderes Jahrhundert erwähle.
Zylinder, Kleider, der Mythos um Jack the
Ripper.
In mir wohnt eine alte Seele.

Dunkelheit

In den verschneiten Festungen in den Bergen
geboren.
Die Dunkelheit erneut geschmückt mit Zorn.
Zum Kriege bläst das finster klingende Horn,
während die Heerscharen sich versammeln vor
dem Tor.

In den Schmieden der Dunkelheit fing alles an.
Der finstere König steht am Gipfel im
schwarzen Gewand.
Die Dunkelheit marschiert auf, die das Licht
bezwingen kann.
Wenn die Burgmauer fällt, ist die Stadt als
Nächstes dran.

Festungen fallen im Sturm des Feuers.
Nichts steht mehr. Keine Hoffnung, keine
Häuser.
Den Sieg tragen die gerüsteten Ungeheuer,
Schrecken und Drachen im flammenden Meer
der ewigen Schatten und Paranoia.

Das Licht verloren, – das dunkle Zeitalter bricht
an.
Die feurige Lava hält keine Kraft und kein
Damm.
Das Strahlen nun trüb auf die völlig zerstörte
Klamm.
Bis die Geschichte des Lichtes
wieder von Neuem beginnen kann.

Der düstere Weitergang

Die ewige Dunkelheit lässt sich nicht in einem
Kapitel beschreiben.
Zu kurz und nicht finster genug sind die
Gedanken, die auf diesen Seiten weilen.
Die Schwärze will nicht nur in meinen
Gedanken sein.
Alles ist nach der Trennung letztlich
zusammengefallen.

Der Horizont brennt und die Sicht ist verzerrt.
Grämen war sicher nicht das letzte poetische
Werk.

Alles wurde gesagt, – alles 'rausgelassen.
So konnte ich vieles erst in Worte fassen.
Die Vergangenheit ist nun tot und begraben.
Nun ruht sie ewig unter den hier verfassten
Narben.
Trocken wurde, wo einst Tränen flossen
und Grämen ist nun abgeschlossen.

x

Neue Hoffnung ist aus der Trauer entstanden,
und die Vergangenheit wurde ganz leise.
Ein fliegendes Geisterschiff wird niemals
stranden!
Im neuen Fahrwasser geht nun weiter die
Reise.

Der Düsterreport war ein Herzensprojekt.
In **Grämen** schrieb ich über alles, was mich
plagt.
Die **neue Buchreihe** noch unbekannt und gut
versteckt.
Darin wird die absolute Finsternis offenbart.

♥